LE SUFFRAGE UNIVERSEL COORDONNÉ

VOTE PLURAL

RÉPONSES D'UN CONSULTÉ SUR LA QUESTION « GOUVERNEMENT »

AUX PROMOTEURS DU CENTENAIRE DE 1789

(LES ASSEMBLÉES PROVINCIALES DE 1889. — LEURS CAHIERS. — LEURS QUESTIONNAIRES.)

PAR A. BURGER

La vraie Démocratie entraîne avec elle un libéralisme pur, et par lui, le fonctionnement du suffrage universel SUR LA BASE DU VOTE PLURAL.

A. B.

PARIS
J. VICTORION, LIBRAIRE-ÉDITEUR
1, RUE DUPUYTREN

MEAUX
A. LE BLONDEL, IMPRIMEUR-ÉDITEUR
2, RUE SAINT-REMY, ET PLACE DE LA CATHÉDRALE

1893

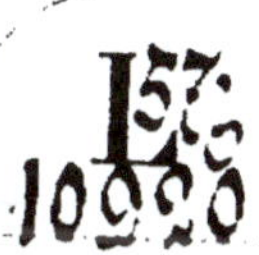

LE SUFFRAGE UNIVERSEL COORDONNÉ

VOTE PLURAL

RÉPONSES D'UN CONSULTÉ SUR LA QUESTION « GOUVERNEMENT »
AUX PROMOTEURS DU CENTENAIRE DE 1789

(LES ASSEMBLÉES PROVINCIALES DE 1889. — LEURS CAHIERS. — LEURS QUESTIONNAIRES.)

PAR A. BURGER

La vraie Démocratie entraîne avec elle un libéralisme pur, et par lui, le fonctionnement du suffrage universel SUR LA BASE DU VOTE PLURAL.

A. B.

PARIS
J. VICTORION, LIBRAIRE-ÉDITEUR
1, RUE DUPUYTREN

MEAUX
A. LE BLONDEL, IMPRIMEUR-ÉDITEUR
2, RUE SAINT-REMY, ET PLACE DE LA CATHÉDRALE

1893

CENTENAIRE DE 1789

4e QUESTIONNAIRE

GOUVERNEMENT

1° Le principe du gouvernement qui fait résider dans le nombre la souveraineté faisant loi et créant le droit, a-t-il produit, malgré l'instabilité qu'il comporte, des résultats favorables à la paix et à l'ordre public?

2° Le système bureaucratique qui a été substitué aux autonomies locales et qui amoindrit l'initiative privée a-t-il produit des résultats favorables à la bonne gestion de la chose publique et de l'administration elle-même?

3° La vie publique locale dans ses formes municipale, régionale et corporative, a-t-elle des garanties?

4° Avec la manière dont le suffrage universel fonctionne actuellement, les droits et les intérêts des différentes professions ou fonctions sociales souffrent-ils de l'absence, à tous les degrés de la vie publique, d'une représentation qui leur soit propre?

CENTENAIRE DE 1789

ENQUÊTE SUR L'ÉTAT SOCIAL ACTUEL

4e QUESTIONNAIRE

GOUVERNEMENT

1° *Le principe du Gouvernement qui fait résider dans le nombre la souveraineté faisant loi et créant le droit, a-t-il produit, malgré l'instabilité qu'il comporte, des résultats favorables à la paix et à l'ordre public?*

RÉPONSE.

Il a produit des résultats défavorables à la paix et à l'ordre public, parce que les majorités qui en sortent sont, en général, insuffisamment instruites et intelligentes, inexpérimentées, irréfléchies et impressionnables, portées à la violence, par leur défaut d'éducation même. — Le droit, pour elle, c'est la force et l'oppression, abstraction faite de toute raison et de toute justice. *(Les invalidations.)*

Ce n'est pas avec de pareils éléments de gouvernement qu'on arrive à la paix et à l'ordre public.

On peut les avoir, en apparence, pendant un certain temps..... au fond, non : et le résultat final d'un état de choses créé par ce principe de gouvernement ne peut être qu'une catastrophe et un bouleversement social conduisant à l'inconnu.

La souveraineté du nombre équivaut à un abaissement moral et intellectuel du pouvoir, et c'est le début d'une déchéance irrémédiable de la nation qui l'admet et qui *ne s'en corrige pas;* surtout, quand on fait marcher de front la persécution religieuse et l'anéantissement des croyances, prolégomènes d'un matérialisme éhonté.

Quand on veut bien y réfléchir, c'est le comble de l'absurdité et de la bêtise.

Les masses faisant directement acte de souveraineté..... cela ne peut produire qu'*accidentellement de bons effets :* Par exemple, dans les grandes commotions politiques, sociales, et internationales, où l'impression du danger inconnu, senti par tous, en commun, ramène à une perception vraie de toute vérité et de toute justice...; mais, ces effets avortent le plus souvent, faute d'un chef capable, moral et *désintéressé,* qui dirige le mouvement et le fasse aboutir... a ce que le peuple veut.

Exemple pour la France :

Assemblée nationale de 1848-49
Assemblée nationale de 1871

assemblées nommées dans un excellent esprit, toutes deux avec l'idée et la volonté de la monarchie traditionnelle à restaurer.

Mais, ce n'est pas tout, la souveraineté du nombre *est anti-démocratique,* quand on veut bien se rendre compte de ce que doit être une démocratie vraie : savoir, l'appel de tous au travail et au pouvoir, mais chacun suivant ses œuvres et son mérite, c'est-à-dire *hiérarchiquement* — ce qui est de toute justice.

Or, la souveraineté du nombre, à partir des plus bas échelons d'une société, mène à l'oppression de tous par quelques-uns..... Pourquoi?... parce que ce nombre se composant d'individualités médiocres et incapables d'apprécier les plus hauts mérites, *les valeurs* dans la véritable acception du mot, prennent le plus souvent le change et font arriver des médiocrités, ce qui est injuste et contraire à l'ordre, et au bien de tous, ce que doit se proposer une *Démocratie*. — De plus, le nombre, qui n'est autre chose que le pouvoir des masses, c'est-à-dire de la partie la moins éclairée d'une nation, est par lui-même un instrument facile à vicier ; car le peuple, dans son ignorance et son honnête naïveté, est facile à tromper : Rien n'est donc plus dépendant que lui ; il est vite dominé ; et ce rouage principal de la machine gouvernementale entre les mains d'audacieux intrigants, leur sert, le plus souvent, de piédestal pour fonder *des autocraties révolutionnaires et matérialistes.*

Exemple pour la France :

La France en 1792-93. — 1re République : Directoire. 1er Empire : Absolutisme ; démembrement de la France, après invasions.

La France en 1848-49-52. — 2e République ; — second Empire : Absolutisme ; démembrement de la France, après invasion.

La France en 1870-71-89. — 3e République : A l'extérieur, déchéance morale ; à l'intérieur, puissance et domination de la Franc-maçonnerie juive ; corruption préméditée *de tous les corps sociaux.*

2° Le système bureaucratique qui a été substitué aux autonomies locales et qui amoindrit l'initiative privée a-t-il produit des résultats favorables à la bonne gestion de la chose publique et de l'administration elle-même?....:

RÉPONSE.

Non... : La bureaucratie poussée à l'excès et par les effets cités dans l'interrogation n° 2, a nui à la bonne gestion des affaires et de la chose publique qui, renfermée dans des conceptions étrangères le plus souvent à cette chose même, ne portent pas sur les améliorations vraiment importantes qui ne peuvent être connues, discutées et fixées que dans des *autonomies locales vraiment libres*, non entravées par la bureaucratie, instrument de pression et de domination des pouvoirs faibles, ennemis de la liberté, et qui cherchent à s'imposer par tous les moyens possibles.

3° *La vie publique locale, dans ses formes municipale, régionale et corporative, a-t-elle des garanties?....*

RÉPONSE.

Dans ses formes municipales..... oui; mais pas suffisantes et moindres, dans tous les cas, de ce qu'elles étaient sous la monarchie de 1830. — L'immixtion du pouvoir central dans les affaires de la commune qui touchent aux principes fondamentaux de cette vie : *Culte* — *Enseignement* — *Finances* — détruit la vie publique, en décourageant et annihilant les efforts des plus dévoués et des plus capables, de l'élite de la population, en un mot, qui pourrait la produire [illegible]menter, cette précieuse vie publique!

La réadmission des plus imposés au conseil, lorsqu'il s'agit du budget et des dépenses extraordinaires, contribuerait à la restaurer.

Enfin, je ne vois pas pourquoi *le représentant du Clergé*, le curé, ou son délégué, n'aurait pas, *de droit*, place au conseil, quand les questions touchant au culte, à la religion, à l'enseignement, à l'éducation, à la morale y sont posées?...

Je ne sache pas qu'il subsiste, pour le moment, *une vie publique régionale*. Elle existait avant la première révolution, 1789-92. Le décret consulaire subdivisant mathématiquement la France en 83 départements l'a détruite, sans en étouffer complètement le germe. Elle ne se manifeste pas, faute d'occasions. Des réunions, des travaux et écrits dans le sens de sa reconstitution, tendent à la faire renaître; et on y arrivera, parce que l'esprit régional puise sa source dans l'origine et le sang même des populations.

La vie publique corporative que les sociétés de secours mutuels, les Cercles catholiques d'ouvriers et les Syndicats tendent à faire renaître avec raison, n'aura sa complète garantie que lorsque la loi attendue sur le droit d'association, avec ses dérivés légitimes sera votée. On marchera alors sûrement vers la reconstitution *des anciennes corporations modernisées*, qui rendront *aux arts et métiers* la haute place qu'ils doivent avoir dans la société, et qu'ils avaient avant la 1re révolution, laquelle a fait table rase, sans réfléchir, on le sait, de toutes nos anciennes institutions.

4° Avec la manière dont le suffrage universel fonctionne actuellement, les droits et les intérêts des différentes professions ou fonctions sociales souffrent-elles de l'absence, à tous les degrés de la vie publique, d'une représentation qui leur soit propre....?

Réponse.

Le suffrage universel, tel qu'il fonctionne actuellement, *est un chaos*, d'où ne peut sortir, et d'où ne sort en effet, la plus part du temps, comme inspiration et direction gouvernementales rien de propre à saufgarder les droits et les intérêts des différentes professions ou fonctions sociales, parce que des représentants capables et autorisés de ces divers embranchements sociaux ne se trouvent pas dans la représentation nationale.

Il y a trop d'électeurs et trop d'élus : Ce n'est pas le nombre qu'il nous faut ; C'est LA QUALITÉ.

Comme exemple, je citerai *le Sénat* qui, quoique provenant d'un mode de recrutement que je n'approuve pas, attendu qu'il se ressent *du vice de sa base :* — LE SUFFRAGE UNIVERSEL..., je citerai le Sénat, dis-je, qui est notablement supérieur à la Chambre, et qui, *seul,* nous gouvernerait beaucoup mieux que la Chambre, qui, en fait, est la seule représentation qui nous gouverne. Le Sénat se compose d'hommes plus âgés, plus sages, plus réfléchis.

Il faudrait reculer l'âge d'éligibilité jusqu'à 35 à 40 ans ; et celui de l'électorat jusqu'à 30 ans.

Les minorités devraient être représentées proportionnellement à ce qu'elles sont. Le journal *le Soleil* a parfaitement démontré la justice de cette modification de la loi électorale, et en a donné le mécanisme.

Ce système a prévalu en Belgique et cette nation s'en trouve bien.

Certainement, les droits et les intérêts des différentes fonctions sociales souffrent de l'absence de la vie publique, et *surtout d'une représentation qui leur soit propre ;* mais le moyen de remédier à cela ; c'est de *nous catégoriser* suivant nos conditions de vie sociale ; conditions qui ne sont évidemment pas ce qu'elles étaient avant 1789 — (Noblesse — Clergé — Tiers), mais qu'il serait facile de déterminer, si on voulait s'en donner la peine ; ces catégories naturelles établies, seraient appelées à nommer leurs représentants.

Il est un point sur lequel je me permettrai d'appeler

l'attention : C'est *l'urgence d'arriver à un relèvement du principe d'autorité,* dans notre société affaiblie et dévoyée, en donnant un droit supérieur électif, ou *de vote* aux hommes de 50 ans et au-dessus, tant en raison de leur âge qui est une garantie d'expérience et de capacité, pour le plus grand nombre des électeurs, qu'en raison de la place qu'ils tiennent dans la société *comme chef de famille,* pour la plupart. On leur accorderait le *double vote ou deux voix,* ce qui contrebalancerait l'influence *des jeunes générations,* qui, au moment actuel, ont tout le pouvoir en leurs mains, à l'exclusion des anciens, à l'exclusion des générations qui ont eu et qui ont encore toute la *charge des grands intérêts publics et* DES GRANDS DEVOIRS SOCIAUX. — Ce ne serait là que toute justice, que toute raison, que tout ordre, que tout sens commun.

L'abstention persistante d'un aussi grand nombre d'électeurs, et des meilleurs n'a pas d'autre cause que que ce manque d'ordre, de justice, et de *hiérarchie* dans le fonctionnement du suffrage universel : *Personne ne se sent à sa place,* et ceux qui devraient occuper dans ce fonctionnement la première place, et, sinon la première, une place au moins qui puisse avoir une influence, se voyant déchus de ces droits, n'ont rien de mieux à faire, se disent-ils, que de se désintéresser de toutes choses, *puisqu'ils sont, en principe, annihilés.*

Il est honteux et attristant de voir dans les familles, les enfants on peut dire, des jeunes gens de 21 ans, avoir autant de pouvoir politique et social que leurs pères, que leurs aïeux !... et avoir la force par leur vote, d'annihiler LES INFLUENCES DES AUTORITÉS VRAIES GOUVERNEMENTALES. — Un peuple qui consacre de pareilles sottises, un sans dessus dessous aussi flagrant est un peuple qui n'a plus sa tête.

J'ai traité ces matières de 1872 à 1875, comme collaborateur du journal politique quotidien, monarchiste, la *Décentralisation de Lyon;* sous les titres de : l'*abstention, sa cause principale; — De la hiérarchie dans le suffrage universel; — Quelques bribes de bon sens — la propriété — les propriétaires — les non-possédants; — La loi électorale et le principe d'autorité.* — Ce journal, comme l'on sait, a cessé de paraître, en même temps que le journal de Paris, l'*Union,* à la mort de M. le comte de Chambord, lequel admettait une organisation du suffrage universel; ses lettres en font foi, et ses organes faisaient coïncider son retour, avec un fonctionnement coordonné du suffrage universel. M. le comte de Paris n'a encore rien dit à ce sujet, qu'en pense-t-il...?

Après nos désastres, suites et conséquence à longue échéance de l'incohérence du suffrage universel, l'opinion était parfaitement préparée pour une *réforme électorale,* c'est-à-dire une organisation du suffrage universel. Nombre d'écrits ont paru alors dans ce sens, et l'assemblée nationale royaliste, nommée en février 1871 par le peuple libre et éclairé alors par les graves événements qui venaient de se produire, l'avait été, *avec deux mandats à remplir,* savoir :

1° Celui de faire revenir le Roi légitime, c'est-à-dire de restaurer la monarchie traditionnelle;

2° Celui de réformer la loi électorale.

Elle n'a su remplir ni l'un ni l'autre. — Embarrassée par de minuscules questions de détails, elle pouvait, *elle devait au moins,* puisqu'on était d'accord sur le but à atteindre, but parfaitement et IMPÉRIEUSEMENT INDIQUÉ PAR LE PEUPLE (restauration de la monarchie traditionnelle). Voter en majorité et même presqu'à l'unanimité; car il n'y avait que quelques bonapartistes, et quelques républicains dans cette assemblée; POUR LE PRINCIPE DE LA MONARCHIE et la restaurer définitivement; en en confiant provisoirement le gouvernail à un délégué du Roi.

Eh bien! Non, elle vote quoi......? le principe républicain!! et elle intronise de plein pied *la République!*

Ce chef-d'œuvre d'esprit politique a navré et abasourdi la population, la brave nation française, à laquelle il manque un chef digne d'elle.

Meaux, 10 janvier 1889.

L'envoi de ce travail à l'assemblée provinciale de Versailles nous a valu, de la part de son secrétaire, la lettre suivante :

ASSEMBLÉE PROVINCIALE
DE L'ILE-DE-FRANCE

—

Versailles, 23 février 1889.

MONSIEUR,

Je suis confus, en vérité, de ne vous avoir pas encore remercié de la part si utile que vous avez prise à l'enquête provoquée par l'Œuvre des Cercles catholiques d'ouvriers, à l'occasion du centenaire de 1789. Pourtant, je ne suis pas si coupable que je le parais et je vous prie de me pardonner.

Accablé de travail depuis quelque temps, je n'ai pu trouver le loisir de vous écrire. Aujourd'hui, j'ai un peu de liberté, j'en profite pour vous rendre grâce.

Votre étude qui m'a été transmise, est certainement une des plus completes, une des plus remarquables du dossier de l'Ile-de-France. Aussi, la reproduirai-je *in extenso* dans mon rapport sur « le Gouvernement ». — Ah! si tous nos correspondants avaient compris comme vous, Monsieur, l'importance des questions soumises à leur examen, s'ils avaient mis autant d'empressement que vous à nous répondre, s'ils avaient tous été aussi consciencieux, aussi dévoués à la bonne cause, le succès de l'assemblée provinciale projetée à Versailles serait dès à présent assuré.

Je vous remercie donc, Monsieur, de tout cœur, en vous priant d'agréer l'expression de mes sentiments respectueux.

G. HOCART.

MES OBSERVATIONS D'AUJOURD'HUI

Il n'est pas possible que la nation française qui ne manque pas de bon sens, après toutes les épreuves qui ont découlé pour elle de l'application du suffrage universel incohérent, n'en reconnaisse pas enfin le danger, pour son repos, sa dignité et son bonheur, et ne se rattache à ce même principe, mais soutenu par ses deux bases infaillibles : la justice et la vérité.

C'est ce qu'a toujours pensé celui qui a écrit les pages qui précèdent. Elles sont le résumé d'une série d'études publiées il y a vingt-et-un ans à l'époque de nos désastres et dont les conclusions, dans leur ensemble, tendent à démontrer que le VOTE PLURAL devait être substitué au vote uninominal. Or, dès cette époque, bien qu'on n'y fût pas préparé, ces exposés présentés à la commission des trente-trois frappèrent assez les esprits pour y faire adhérer, sans hésiter, 113 députés de l'Assemblée nationale, dans un vote qui lui fut soumis d'accorder au moins *le double vote au chef de famille.* C'était un premier pas et un acheminement vers les combinaisons diverses de l'application du principe du *vote plural.*

Mais, depuis les événements ont marché à grands pas, le doute n'est plus permis ; la clairvoyance, la raison et la confiance doivent le remplacer.

Pour tout dire LE SALUT EST LA :

N'étant pas disposé à publier ces études à cette époque et ne voulant cependant pas perdre le fruit de mes réflexions et des convictions qu'elles me laissaient, je publiai chez Dentu, en 1874, une courte déclaration de principes, en une plaquette de quelques pages sous ce titre : *De la Hiérarchie dans le Suffrage universel,* avec cette épigraphe : « .... Washington était de ceux qui savent que, pas plus dans une république que dans une « monarchie, pas plus dans une société démocratique « que dans une autre, on ne gouverne de bas en haut » (1), où je montrai ce que serait *théoriquement* et d'une façon absolue, pour atteindre toutes ces hauteurs le classement du monde électoral suivant les mérites acquis par l'expérience, la capacité et la propriété, d'après le principe du vote plural.

Le classement du monde ouvrier et des employés divers des particuliers m'avait beaucoup embarrassé; mais en y réfléchissant, j'en avais indiqué la clef : dans le temps de service comme attaché à la même maison; dans les grades obtenus; dans les médailles de moralité décernées.

Voici vingt-trois ans (1870) que la question d'une hiérarchie à établir dans le fonctionnement du suffrage universel m'occupe, et que je cherche à fonder ce fonctionnement *sur le principe du vote plural ;* je crois y être arrivé. Les pages que j'ai écrites, *comme consulté des promoteurs du centenaire de 1789,* sont la synthèse de ces recherches. J'attendais pour en faire connaître le résultat une occasion favorable. Elle s'est présentée, pour moi, d'une façon bien inattendue dans la révolution pacifique qui vient de se produire en Belgique, et dont le dénouement qui établit, à la satisfaction de tout le peuple et de ses divers organes de quelque nuance politique qu'ils soient, n'est autre que le fonctionnement du suffrage universel, basé sur le vote plural gradué : gradué suivant la valeur, les mérites et les situations de posses-

(1) Guizot, *De la Démocratie en France* (janvier 1849, — page 29).

sion acquises par le travail, en descendant l'échelle aussi bas que possible. — La loi du 18 avril, qui clôt cette révolution, est un événement politique et social d'une grande portée.

Elle consacrera, nous l'espérons, pour tous les peuples épris *d'une démocratie vraie,* et qui sont aptes à la supporter, au fur et à mesure d'ailleurs que cette aptitude se démontrera, le seul fonctionnement sensé et juste du suffrage universel. — C'est la seule hiérarchie libérale à y introduire pour y jeter quelque lumière et le dégager du chaos absurde, inintelligent et autocratique où il se traîne en France depuis quarante-cinq ans, et qui a été la cause des terribles épreuves qu'elle n'a cessé de subir depuis et dont elle n'est pas sortie.

22 avril 1893.

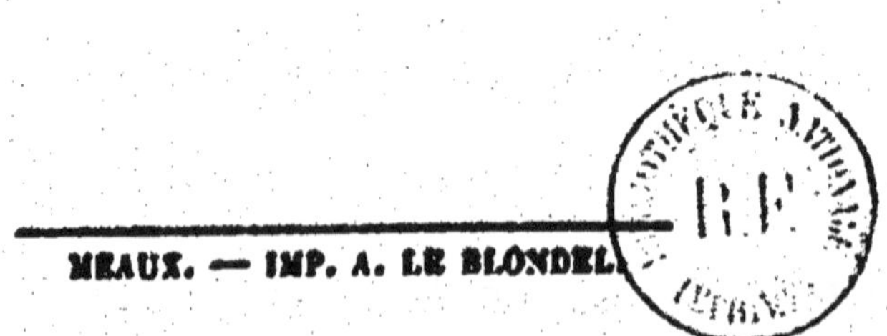

MEAUX. — IMP. A. LE BLONDEL.

MEAUX. — IMP. A. LE BLONDEL.

www.ingramcontent.com/pod-product-compliance
Lightning Source LLC
LaVergne TN
LVHW020455230826
846091LV00008BA/3224

* 9 7 8 2 0 1 3 6 9 2 0 3 8 *